AF497339

CATALOGUE

D'UNE GRANDE COLLECTION

DE TABLEAUX

DES MEILLEURS MAISTRES,
d'Italie, de Flandres, & de France.

Qui doivent être vendus dans les Salles du Grand Couvent des Révérends Peres Augustins, au plus offrant & dernier enchériſſeur, le Mercredi 26 Mars 1749. de relevée, & jours ſuivans, ſans interruption.

Par E. F. GERSAINT.

A PARIS,

Chez
{
P. PRAULT, Quay de Gêvres, au Paradis.
JACQUES BARROIS, Quay des Auguſtins,
à la Villle de Nevers.

M. DCC. XLIX.
Avec Approbation & Permiſſion.

CATALOGUE

D'UNE GRANDE COLLECTION

DE TABLEAUX

DES MELILLEURS MAISTRES d'Italie, de Flandres & de France, qui doivent être vendus dans les Salles du Grand Couvent des Révérends Peres Augustins, au plus offrant & dernier enchérisseur, le Mercredi 26 Mars 1749 de relevée, & jours suivans, sans interruption.

Ces Tableaux font, pour la plus grande partie, d'un très-beau choix, & du meilleur tems de leurs Auteurs. Ils font tous parfaitement bien bordés.

On n'a point cherché à s'étendre, dans ce Catalogue, sur le mérite de certains Morceaux qui auroient pû exiger plus d'attention. Le tems fixé pour cette Vente ne le permettoit pas, joint à ce qu'on a voulu laisser aux Curieux l'agrément de décider par eux-mêmes. On a lieu d'espérer qu'ils seront satisfaits de cet assortiment.

Pour que les Amateurs puissent donner leurs encheres avec plus de confiance, & en même tems avec une connoissance plus réflechie, des Morceaux qui pourront leur plaire, il leur sera libre de les venir examiner les matinées, depuis neuf heures jusques à midi, & les après-dînés,

A

depuis

depuis deux heures jusques à cinq , pendant les trois jours ouvriers qui précéderont la Vente ; c'est-à-dire , les Vendredi 21 , Samedi 22 , & Lundi 24 dudit mois de Mars.

1 UN Tableau ceintré par le haut , peint sur bois , représentant Jupiter & Danaé. C'est un des plus piquans Tableaux de ce Maître , & d'un beau fini ; l'on sçait qu'il en a très-peu fait de petits propres pour les Cabinets. Il est clair & brillant (*). Il porte douze pouces un quart de haut , sur neuf pouces & demi de large.

2 Un joli Paysage de *Wauwermens* , peint sur bois , avec de très-petites figures. Il est de goût & agréable. Il porte douze pouces & demi de haut , sur douze pouces & demi de large.

3 Un des plus jolis Tableaux de *David Teniers* , extrêmement clair & de son meilleur tems. C'est un Paysage , dans le lointain duquel il y a quatre figures , & sur le devant six autres qui paroissent jouer aux dés sur une table au-devant d'une Chaumiére.

4 Un Tableau peint sur bois par *Wauwermens* , de ses premieres maniéres , haut de dix pouces , & large de huit pouces & demi.

5 Un petit Baccanal d'Enfans, peint sur toile par *Jean Schut* , de onze pouces & demi de large , sur neuf pouces & demi de haut.

6 Un Paysage en hauteur , avec Figures & Animaux.

7 Un autre Paysage de *Teniers* , avec Animaux & Figures , de quinze pouces trois quarts de haut , sur vingt-un pouces & demi de large.

(*) *Toutes les mesures des Tableaux sont prises , sans y comprendre les Bordures.*

Il est agréable & amusant. Les Animaux y
font rendus avec grande vérité.

8 Une Tête de Vieillard, peinte fur Bois.

9 Une autre plus petite Tête de Vieillard.

10 Un petit Tableau peint fur Bois dans le goût
du *Brughel*.

11 Un Sujet gracieux, peint fur Bois par *Wauwermens*. Il eſt clair & agréable. Il porte neuf
pouces & demi de haut, fur douze pouces &
demi de large.

12 Deux petits Pendans en hauteur, peints par
Wauwermens, dont l'un repréſente des Dains,
& l'autre une Chévre qui s'élance pour brout-
ter les feuilles d'un arbre, avec une autre
Chévre qu'une femme trait au bas d'un autre
arbre. Ils ont 9 pouces fur fix pouces & demi.

13 Un petit Paysage peint fur Cuivre, au milieu
duquel il y a une Sainte Famille.

14 Un Tableau peint fur Cuivre par *Varrege*.
Il porte huit pouces & demi de large, fur fix
pouces de haut.

15 Un autre Tableau, peint fur Cuivre par *Corneille Polimburgh*, de fept pouces de large,
fur fix de haut. Il peut fervir de pendant au
précédent.

16 Un Paysage peint fur Bois par *Vanude*, dans
lequel il y a trois Figures peintes par *Teniers*,
de onze pouces & demi de large, fur huit pouces & demi de haut.

17 Un Port de Pêcheurs, peint fur Bois par *Teniers*, dans lequel on voit plufieurs Pêcheurs
qui tirent un Filet de l'Eau. Il a neuf pouces &
demi de large, fur huit pouces & demi de
haut.

18 Un autre joli Tableau de *Teniers*, repréſentant un Château, avec un Paysage, & plufieurs
petites Figures. Il a dix pouces de largeur, fur
fept pouces de hauteur.　　　A ij　　19

19 Un Tableau, peint fur Bois par le même *Teniers*, repréfentant deux jeunes Garçons à mi-corps, dont l'un tient un Pot de Bierre. Il porte fix pouces de haut, fur cinq pouces de large.

20 Deux jolies petites Marines, peintes fur Bois.

21 Deux autres petits Sujets, peints fur Bois par *Gerard Hoët*, dans le goût de *Corneille Polimburgh*.

22 Un petit Clair-de-Lune, peint fur Cuivre.

23 Un autre petit Payfage, peint fur Bois.

24 Un autre Payfage, peint fur Cuivre, dans le goût de *Brughel*.

25 Deux très-beaux Tableaux, peints fur Bois par *Baut & Baudouin*, repréfentant deux Marchés de Village, ornés de beaucoup de Figures & d'Animaux. Ils font agréables & amufans, & il feroit très-difficile d'en pouvoir trouver de ce Maître qui leur foient fupérieurs. Ils portent treize pouces de large, fur neuf pouces de haut.

26 Une Tentation de Saint Antoine, peinte fur bois par *Teniers*, dans fon bon tems. Elle porte quatorze pouces & demi de large, fur douze pouces de haut.

27 Un Tableau peint fur bois par *Varrege*, Sujet gracieux, orné de beaucoup de Figures. Il porte quinze pouces de large, fur douze pouces de haut.

28 Un joli Tableau de *Wauwermens*, repréfentant un Payfage Hollandois, garni de petites Figures, avec un Horizon bas. Il porte quatorze pouces & demi de large, fur douze pouces de haut.

29 Un Payfage peint fur bois, dans le goût de *Bartholomé*, de vingt-quatre pouces de large, fur feize pouces de haut.

30

30 Un très-beau Tableau, peint sur toile par *le Bourdon*, représentant le Massacre des Innocens, haut de vingt-six pouces, & large de vingt-deux pouces. Il est clair, de son bon tems, & composé d'un très-bon goût.

31 Un Paysage, peint sur toile par *Pynaker*, Maître Hollandois, orné de Figures & d'Animaux. Sa composition est fort singuliére. Il s'y trouve un percé au travers de plusieurs arbres, dont l'effet est admirable. Il porte trente pouces de haut, sur vingt-six de large.

32 Deux très-belles Têtes de Femme, de forme ovale, dans des Bordures quarrées ; l'une peinte par *Raoulx* représente une jeune Femme gracieuse qui se regarde dans un miroir ; & l'autre aussi le Buste d'une Femme qui leve sa coëffe pour regarder quelque objet. Cette derniére est peinte par *Santerre*. Elles portent vingt-quatre pouces de haut, sur dix-huit de large.

33 Un très-beau Tableau, peint sur bois par *Wauwermens* dans son bon tems, & riche d'Ouvrage. Il représente un Camp, dans lequel on voit une Tente d'Officiers, au haut de laquelle est une espéce de Drapeau agité par le vent. Il a seize pouces & demi de haut, sur vingt-un pouces de large. Ce Morceau a été gravé par *Wischer*.

34 Un fort beau Tableau peint sur bois par *Berghem* dans son bon tems. Il représente un Berger appuyé sur son bâton qui garde un troupeau de divers Animaux. Il porte vingt pouces & demi de large, sur quinze de haut.

35 Un excellent Tableau de *Teniers*, peint sur bois dans son meilleur tems, représentant un Paysage, avec une grande Chaumiére, audevant de laquelle sont deux Paysans, dont

 l'un

l'un est appuyé sur son bâton, & l'autre est
assis & mange des moulles, & une Femme
qui puise de l'eau dans un puits. Il est clair,
leger de Pinceau, & agréable. Il a vingt-quatre pouces & demi de largeur, sur dix-neuf de
hauteur.

36 Une très-belle Marine, peinte sur toile par
Bachuysen, Maître Hollandois, très - estimé
dans ce genre. Elle porte vingt-cinq pouces
de large, sur vingt-un pouces de haut.

37 Une autre Marine peinte sur toile par *Guil-
laume Van Velde*, aussi Maître Hollandois,
pareillement estimé. Elle a vingt-deux pouces de large, sur dix-neuf pouces de haut, &
pourroit, dans le besoin, servir de pendant à
la précédente. Les Tableaux de ce Maître,
ainsi que ceux de *Bachuysen*, sont très - recherchés par les Hollandois & par les An-
glois, étant ceux où l'on y trouve les effets
de la Mer mieux rendus.

38 Un très-beau Tableau de *Vandermeulen*,
peint sur toile dans son meilleur tems; il représente un Paysage orné de Figures & de
Chevaux, dans le lointain duquel est peinte
la Vûe de l'ancien Versailles. Il a vingt-six
pouces & demi de largeur, sur vignt-un pouces & demi de hauteur.

39 Un autre beau Tableau, peint sur toile par
Teniers dans son bon tems, représentant une
Etable, où l'on voit les attirails qui y font
propres, plusieurs Vaches qui y repaissent,
avec un Homme qui donne à manger à une
autre Vache, & quelques Cochons qui cou-
rent. Il porte vingt-deux pouces de large,
sur dix-neuf de haut. Il est du nombre de ceux
que M. *le Bas* a gravés.

40 Un joli Tableau, peint sur bois par *Van Ro-
myn*,

myn, bon Maître-Hollandois ; il repréſente un Payſage orné de quantité d'Animaux de différentes eſpéces. Il a dix-huit pouces de large, ſur quinze pouces & demi de haut.

41 Un Sujet agréable, peint ſur bois par *Lancret*, de dix pouces de haut, ſur ſept & demi de large.

42 Un joli Payſage orné d'Animaux, avec une Femme qui paſſe dans l'eau. Il eſt peint ſur bois par *Pynacker*, & porte dix-ſept pouces & demi de haut, ſur quatorze pouces de large.

43 Un fort joli Tableau, peint par *Bibiane*, repréſentant un Payſage peint ſur cuivre, orné d'Architecture & de Figures, où l'on voit, dans le lointain, une eſpéce de Manége. Il a huit pouces & demi de large, ſur quatre pouces de haut.

44 Deux Payſages peints ſur toile dans le goût de *Salvator Roſa*, d'une forme oblongue, de vingt-trois pouces & demi de large, ſur neuf pouces de haut.

45 Deux Tableaux de Fruits, peints ſur cuivre par *Brughel*. Ils ſont d'une préciſion & d'une couleur admirable. Ils ont douze pouces de large, ſur ſept pouces de haut.

46 Un Tableau de Fruits, peint par *Jean de Hems*, fort clair, avec un percé où l'on voit un Payſage. Les Tableaux de ce Maître ne ſont pas communs ; on les eſtime beaucoup en Hollande.

47 Un Bain de Diane, peint ſur toile par M. *de Troyes*, Directeur de l'Académie du Roi à Rome. Il porte trente-trois pouces de large, ſur vingt-ſept pouces de haut.

48 Deux autres Sujets agréables, peints ſur toile par le même M. *de Troyes*, repréſentant tous deux pluſieurs perſonnes qui s'habillent

A iiij   pour

pour le Bal. Ils portent chacun vingt-neuf
pouces de haut, fur vingt-quatre pouces de
large.

49 Un Tableau très-gracieux, peint fur toile
par M. *Boucher*, repréfentant l'Amour & Pfi-
ché, de trente-trois pouces de large, fur
vingt-fept pouces de haut.

50 Un autre Tableau, Sujet galant & agréable, auffi peint fur toile par M. *Boucher*. Il
repréfente deux Dames aufquelles on fert le
caffé, avec deux Enfans. Il a trente pouces
de haut, fur vingt-quatre de large.

51 Un autre Sujet galant, peint fur toile par
Raoulx, repréfentant deux jeunes Hommes
& deux Dames dans un Jardin. Il a trente pouces de hauteur, fur vingt-quatre de largeur.

52 Un Fragment de deux Figures d'après le
Tableau de *Rubens*, connu fous le nom de la
Converfation, peint fur bois, de fept pouces
& demi de large, fur fix pouces de haut.

53 Un joli Tableau, peint fur une plaque d'é-
tain par *Bartholomé*, de huit pouces & demi
de large, fur quatre pouces de haut. C'eft un
des plus fins de ce Maître.

54 Deux autres jolis Tableaux, peints fur cuivre par *Pietre Nefs*, l'un de jour, & l'autre de
nuit, de forme ovale, dans des Bordures
quarrées. Ils portent cinq pouces & demi de
large, fur quatre pouces un quart de haut.
Ces deux Morceaux font auffi du meilleur
tems de ce Maître.

55 Une Bataille, peinte fur toile par *Vander-
Meulen*, de vingt-huit pouces de large, fur
vingt-un pouces & demi de haut. Elle eft de
fon bon tems.

56 Un Payfage orné d'Animaux, peint fur toile
par *Berghen*, Contemporain de *Berghem*. Ce
Morceau

Morceau eft tout-à-fait dans le goût d'*Adrien Van-Velde*. Il porte feize pouces de haut, fur douze pouces & demi de large. Ce Peintre eft eftimé en Hollande, mais peu connu ici; quelques - uns le confondent avec *Berghem*, parce qu'il eft fouvent tombé dans fa maniére, & que fon nom eft prefque le même.

57 Un Tableau peint fur bois par *Metzu*, repréfentant une Payfanne qui dit fon *Benedicite*. Il porte dix-fept pouces & demi de haut, fur quatorze pouces de large.

58 Un Tableau Hollandois peint fur bois, repréfentant un Payfage orné de Figures & de Chevaux.

59 Deux autres Payfages Hollandois ornés de Figures.

60 Un Bacchanal peint fur bois.

61 Deux très-beaux Pendans, peints fur toile par *le Bourdon*, dont l'un repréfente le Chrift au Tombeau, & l'autre l'Ange qui apparoît aux trois Maries. Ils ont vingt pouces de haut, fur feize pouces & demi de large, & ils font du meilleur tems de ce Maître; l'ordonnance en eft très-riche.

62 Un Sujet agréable, peint fur toile par *Terburgh*, de vingt-deux pouces de large, fur près de vingt-huit de haut.

63 Un Tableau très-piquant, peint fur bois par *Oftade*. Il a été gravé anciennement par le fameux *Suyderoef*, qui l'a trouvé digne de fa Pointe. Il y a un clair-obfcur admirable; la Touche y eft précieufe & facile, & l'effet y eft auffi vif que dans un *Rimbrandt*. Il repréfente des Payfans à la porte d'une Maifon, avec une Femme qui leur verfe de la Bierre, & un petit Enfant fur le pas de la porte. Il y a un fond de Payfage. Ce Maître a fait beau-

coup

coup plus de Sujets renfermés dans des cham-
bres , que des Payſages. Il porte quinze pouces un quart de haut , ſur treize pouces & demi
de large , & n'a point de Bordure.

64 Un ſujet comique & récréatif, peint ſur toile
par *Jean Stéen*, de quatorze pouces de haut ,
ſur ſeize de large. Ce Maître ne ſe plaiſoit qu'à
des Sujets plaiſans ou critiques , & il les reñ-
doit avec beaucoup de naïveté.

65 Un autre Tableau , peint ſur bois par *Brekel-*
kam, bon Maître Hollandois. Il repréſente un
Médecin qui viſite une Malade. Il eſt de la
même grandeur que le précedent , & ils ſeront
vendus enſemble ou ſéparément , au gré des
Enchériſſeurs.

66 Un Sujet galant , peint ſur toile par *Bartho-*
lomé , de vingt-un pouces de large , ſur quatorze pouces un quart de haut. Ce Tableau eſt
agréable & frais. Il repréſente un Bain de Fem-
mes ; ces Sujets ne ſont pas ordinaires à ce
Maître.

67 Deux Tableaux de *Berghem* , très-fins & de
ſon meilleur tems. Il y en a un des deux , ſurtout , qui eſt extrêmement piquant , & plus riche de compoſition , quoique l'autre n'ait pas
moins de mérite ; il eſt ſeulement moins garni
d'ouvrage : ils ſont tous deux purs & bien con-
ſervés. Ils portent quatorze pouces un quart
de largeur , ſur onze pouces & demi de hauteur.

68. Un Tableau peint ſur bois par *Vander-*
Hulſt , excellent Maître Hollandois, de deux
piéds ſept pouces de large , & d'un piéd neuf
pouces de haut. Les Tableaux de ce Peintre
ſont très-rares & très-recherchés en Hollande , ſurtout quand ils ſe trouvent d'une auſſi
riche Ordonnance que celui-ci. Il repréſente
une

une Place publique ornée d'un Portique magnifique, & d'autres Morceaux d'Architecture, & dans laquelle il y a une infinité de Figures & d'Animaux ; le coup-d'œil en est agréable & brillant, & le pinceau y est très-flou & vigoureux. Comme ce Peintre peignoit plus par goût & par amour, que par intérêt, étant Bourgue-mestre & fort riche, il a très-peu travaillé, par rapport à ses autres occupations ; ce qui a rendu ses Tableaux fort rares : à peine sont-ils connus ici, parce qu'il y en a très-peu, quoiqu'ils méritent de tenir place dans les meilleurs Cabinets.

69 Deux fort jolis Pendans d'*Ostade*, peints sur bois dans son bon tems, de sept pouces & demi de haut sur six pouces trois quarts de large.

70 Un grand & beau Tableau de *Wauwermens*, peint sur toile, représentant une espéce de Port où il y a nombre de Chevaux & de Figures ; il porte quatre pouces un quart de large sur deux piéds quatre pouces de haut.

71 Une espéce de Démocrite peint sur bois par *Terburgh*, haut de dix pouces & demi, & large de huit pouces & demi : Il est comparable à un *Gerard Dow* dans la fonte de ses couleurs, & la délicatesse de sa touche.

72 Deux Paysages peints sur bois par *Vander-Doës*, bon Maître Hollandois, ornés de Figures & d'Animaux ; de dix-huit pouces un quart de haut sur quinze pouces de large.

73 Un joli Paysage peint sur bois par *Sagtleven*, excellent Maître Hollandois : Les Ouvrages de ce Peintre sont estimés & recherchés en Hollande ; il ne faisoit rien que d'après nature, & même il mettoit toujours derriere ses Tableaux, comme cela se trouve à celui-ci, le nom du lieu qu'il représente. Ses Ouvrages

font

sont très-peu connus ici ; sa maniere est précise & d'un grand détail dans les Terrasses & les Troncs d'Arbre. Celui-ci est de son bon tems ; il porte dix-huit pouces de largeur sur quatorze pouces de hauteur.

74 Deux Sujets en Pendans, peints par *Bega*, l'un sur bois & l'autre sur toile ; ils ont quatorze pouces de haut sur onze & demi de large.

75 Un joli Tableau peint sur bois par *Carles du Jardin*, dans son bon tems ; il porte quinze pouces de large sur douze pouces de haut.

76 Un Sujet à la lumiere, peint par *Scalck* sur toile ; c'est le portrait de la fille même de *Scalck*, qui tient une chandelle allumée. On connoît le talent de ce Maître par ces sortes d'effets de lumiere, qu'il a toujours rendus avec une vérité surprenante. Il porte quatorze pouces trois quarts de largeur sur dix-huit pouces un quart de hauteur.

77 Un Tableau peint sur toile par *Carles du Jardin* dans son meilleur tems, clair & très-fini ; il représente une Paysane assise dans la Campagne, & qui file à côté d'un Asne, auquel il ne manque que le *Braire*. Un petit Garçon est à côté d'elle, qui veut attraper le fil du fuseau. Il porte dix-huit pouces un quart de large sur dix-neuf pouces de haut.

78 Un magnifique & grand Tableau peint sur toile par *Adrien Van-Veld*, de cinq piéds trois pouces & demi de large sur quatre piéds & demi pouce de haut. Ce Tableau peut être regardé comme un des plus beaux & des plus capitaux qui soient sortis de ses mains ; il est extrêmement riche de composition, & très-varié dans les Animaux, qui y sont tous peints avec un soin & une fonte de couleur admirable.

table. Il eſt même extraordinaire de voir un Morceau d'un ſi grand volume, de ce Maître, qui ne s'eſt gueres attaché qu'à de petits Tableaux. Sa maniere étoit trop préciſe & trop ſoignée, pour qu'il pût en entreprendre ſouvent d'auſſi capitaux : Celui-ci néanmoins eſt peint auſſi précieuſement que les plus petits qu'il a faits avec plus d'attention ; & la variété d'Animaux qui s'y trouvent, doit encore lui donner un mérite particulier, d'autant plus que l'on ne voit gueres dans ſes Tableaux que des Vaches ou des Brebis, & preſque toujours en très-petit nombre. Ce Morceau eſt un des plus compoſés qu'il ait faits ; ſa Bordure qui eſt des plus riches, a neuf pouces de bois.

79 Un des plus piquans Tableaux que *Bega* ait peints ; ce Peintre eſt même, pour ainſi dire, méconnoiſſable dans ce morceau ; & je doute qu'il en ait jamais fait un plus beau. Il repréſente un Homme & une Femme dans une chambre, qui chantent ; il y a pluſieurs Etofes & divers Inſtrumens de Muſique. La fonte & le brillant des couleurs y ſont comparables au pinceau de *Metzu.* Il eſt de quinze pouces de haut ſur treize pouces de large.

80 Un très-beau Tableau d'*Oſtade*, peint ſur bois ; il repréſente une eſpéce de Matelot & ſa Femme en dedans de la porte de leur maiſon. Ce qui fait l'agrément de ce Tableau, eſt que l'on découvre au travers de cette porte la vûe d'un Village en perſpective, avec un Berceau ſous lequel pluſieurs Payſans boivent & ſe réjouiſſent. Ce Morceau eſt ſingulier, agréable & piquant par ſa compoſition & ſon effet ; il porte dix-ſept pouces de haut ſur quatorze pouces & demi de large. Il eſt ſans bordure.

81

81 Un Sujet tiré du Poëme du *Paſtor Fido*, peint par *Bartholomé* ; c'eſt l'hiſtoire de ce Berger qui s'étoit habillé en fille , afin de pouvoir jouir plus facilement de la vûe de ſa maîtreſſe. Ce Maître a très-peu fait de ſujets dans un genre Paſtoral: celui-ci eſt d'un grand effet, par la force de ſon coloris ; il porte trente-huit pouces un quart de large ſur vingt-neuf pouces de haut.

82 Un magnifique Tableau peint ſur bois par *Berghem*, d'un coloris admirable & chaud ; il repréſente le moment du coucher d'un Soleil d'Eſté : Il eſt orné de pluſieurs Figures , & de nombre d'Animaux qui paſſent l'eau, dans laquelle ſont reverbérés pluſieurs arbres & plantes. Il eſt peint tout-à-fait dans le goût de *Claude le Lorrain* , & pourroit lui ſervir facilement de Pendant ; les paſſages du Soleil y ſont parfaitement exprimés. Il eſt de trente-un pouces trois quart de large ſur vingt-ſept pouces de haut.

83 Une Tabagie peinte ſur bois par *Bravr*, d'une fonte & d'une vigueur de couleur admirable. On n'ignore point que les Tableaux de ce Maître ſont au nombre des plus rares , puiſqu'il en exiſte très-peu ici , ainſi que dans les autres Pays où il y a des Cabinets de Curieux; Sur-tout il eſt très-rare d'en trouver d'une certaine grandeur , & où il y ait , comme dans celui-ci, pluſieurs Figures. Il porte dix-ſept pouces de large ſur treize pouces de haut.

84 Un Tableau de *Berghem* extrêmement piquant , d'un grand effet, & de ſon meilleur tems ; il repréſente pluſieurs Figures & pluſieurs Animaux qui paſſent l'eau, qui ſe trouve agitée ſur les bords par le mouvement qu'ils

lui

lui ont occasionné dans leur passage. Il porte dix-sept pouces un quart de large sur onze pouces & demi de haut. Il est sans bordure.

85 Un joli Tableau de *Scalck*, représentant la Vanité; il porte treize pouces un quart de haut sur onze pouces un quart de large. Il est très-fini, & d'une belle fonte de couleur.

86 Deux petits Paysages très-finis, ornés de Figures & d'Animaux, peints sur cuivre avec beaucoup de soin, par *Eglon Vander-Neer*; ils portent neuf pouces de largeur sur sept pouces de hauteur. Les Paysages de ce Maître sont assez rares. Ceux-ci n'ont point de bordure.

87 Un fort beau Portrait de Femme, peint sur bois par *Rimbrandt*. L'effet en est grand, la tête agréable, & la couleur y est parfaitement fondue. Il est d'une forme ovale, de vingt-quatre pouces de haut sur dix-huit de large, & renfermé dans une bordure quarrée.

88 Un Tableau des plus capitaux de *Boullongne l'aîné*, représentant Jephté au retour de la Bataille qu'il avoit gagnée dans le tems que sa fille vint au-devant de lui, accompagnée de sa suite, pour le féliciter. Ce sujet est des plus agréables & des plus beaux de cet excellent Maître; il est clair dans toutes ses parties, & l'ordonnance en est magnifique : Il vient du Cabinet de Madame la Comtesse de Verrue, & il passoit pour un de ses favoris. Il porte six piéds huit pouces de largeur sur quatre piéds huit pouces de haut.

89 Un autre Tableau du même Maître, représentant Joseph qui s'échape d'entre les bras de la femme de Putifar. M. Boullongne avoit donné ce Tableau à M. de la Fosse pour gage de l'amitié qu'il avoit pour lui, ce qui fait un
préjugé

préjugé favorable pour ce morceau. Il a trente pouces de large sur 24 poucesde haut.

90 Un très-beau Tableau, peint sur cuivre par
Rothenamer, représentant Mars & Vénus,
sujet agréable, & fini avec grand soin, dans
lequel il y a six Figures; il est de son bon tems,
& porte vingt-un pouces de large sur seize
pouces de haut.

91 Un autre Tableau peint par *Rimbrandt*, d'un
beau fini, & d'une belle touche; il représente
un Philosophe qui lit. Il a vingt-un pouces
de haut sur seize pouces de large.

92 Une jolie Marine peinte sur toile par *Claude
le Lorrain*, avec un Soleil couchant, qui re-
verbere sur les vagues de la Mer; effets les
plus agréables & les mieux rendus par le pinceau de ce Maître, dont le talent pour ce
genre est connu. Il porte dix-neuf pouces de
large sur douze pouces de haut.

93 Un grand & beau Tableau peint sur toile
par *Teniers*, d'un bon tems, & d'une touche
légere & sçavante, tout-à-fait dans le goût
de *Bravr*. Il est riche de composition, & les
Figures principales ont dix à onze pouces de
hauteur. Ce Tableau est agréable & clair; il
porte six piéds cinq pouces de long sur quatre
piéds un pouce de haut.

94 Deux magnifiques Paysages peints sur toile
par *le Dominiquain*, très-riches d'ouvrage, &
dans lesquels les Figures qui y sont en nombre, sont peintes par le *Chevalier Joseph Pin.*
Ils portent vingt-quatre pouces de large sur
dix-neuf pouces de haut. On sait que les Ouvrages de ces deux Maîtres ne sont pas communs. Ces deux morceaux viennent du Cabinet de M. le Prince de Carignan.

95 Deux Paysages de *Paul Bril*, clairs & de son
meilleur

meilleur tems , avec des Figures d'*Annibal Carrache*. Ces deux morceaux font précieux, & d'une riche compofition ; ils ont 24 pouces de large fur dix-huit pouces & demi de haut.

96 Un très-beau Tableau peint fur bois par *Jacques Baffan* , repréfentant la Madelaine chez le Pharifien. Ce morceau a l'avantage d'être clair , ce qui n'eft pas ordinaire dans les Tableaux de ce Maître , qui font extrêmement rares. Il eft auffi orné de beaucoup de Figures. Il a vingt-huit pouces de large fur vingt pouces de haut. Il vient du Cabinet de M. de la Chataigneraye.

97 Le portrait de *Rimbrandt* peint fur bois par lui-même ; haut de trente pouces , & large de vingt-quatre pouces.

98 Un très-joli Tableau de *Berghem* , de fon bon tems , avec Figures & Animaux ; il eft clair & brillant. Il porte vingt-un pouces de largeur fur feize pouces de hauteur.

99 Le Portrait de *Scalck* tenant un verre , peint par lui-même , de forme ovale , dans une bordure quarrée ; il a cinq pouces de haut fur quatre pouces de large. Ce morceau, quoique petit , eft précieux dans fon genre.

100 Deux Tableaux de *Jean Steen* , peints fur bois , de quinze pouces & demi de haut fur treize pouces & demi de large, dans des Bordures Hollandoifes de bois noir avec un filet de bois doré. Ces deux Morceaux qui font du bon tems de ce Maître, forment deux fujets affez plaifans ; ils repréfentent une hiftoire arrivée à Jean Steen même. Dans l'un, on le voit en habit galant , qui rend vifite à une Dévote fort riche dont il étoit devenu amoureux ; il vient pour lui déclarer fon amour, mais il eft mal reçû , & elle le renvoie fans

le

le vouloir entendre. Jean Steen ne se rebuta
point, il changea de systême; il prit un habit de Cafard, & retourna chez elle dans cet
habillement, pour la disposer plus facilement
à écouter sa proposition. Il réussit effective-
ment de cette maniere, sans être reconnu;
& il sçut si bien se conformer à ses sentimens
& à sa façon de penser, qu'il vint à bout de
la faire consentir à l'époufer. C'est ce qui fait
le sujet du second Tableau. Ces deux Morceaux ne sont pas les seuls que Jean Steen
ait faits sur l'histoire de sa vie, qui a été des
plus comiques.

101 Un précieux Tableau peint sur toile par
Eustache le Sueur, de vingt-huit pouces de
large sur vingt-deux pouces de haut; il représente le Christ que l'on met dans le
Tombeau. Ce Morceau est du meilleur tems
de cet excellent Peintre; il est fini avec beaucoup de soin: Il a été gravé par *Picard le
Romain*.

102 Un Tableau peint sur toile par *Gerards*,
Peintre des Pays-Bas, connu en Flandres
sous le nom du *Petit Vandyek*; il a quarante
trois quarts de largeur sur trente pouces de hauteur. Le coup-d'œil de ce Tableau
est séduisant, par son effet & la fraîcheur de
ses couleurs, joint à l'agrément de son sujet,
qui est une assemblée d'Hommes & de Fem-
mes, occupés dans un Jardin au bas d'un Pe-
ristile, à différens amusemens de danse, de
musique & de conversation. Ce Jardin est
orné d'une Architecture magnifique, dont la
perspective est parfaitement observée. Toutes les têtes des Figures y sont gracieuses, &
les habillemens fort galans.

103 Deux grands Tableaux peints sur toile par
Desportes,

Desportes, dans son bon tems, de sept piéds un pouce de largeur sur cinq piéds quatre pouces de hauteur. Ce sont deux Chasses, l'une au Sanglier, & l'autre au Renard.

104 Un autre Tableau peint par le même, de six piéds quatre pouces de large sur cinq piéds quatre pouces de haut; il représente un Paysage avec plusieurs Canards & Cignes poursuivis dans l'eau par un Chien. Ces trois derniers Tableaux n'ont point de bordures,

F I N.

Lû & approuvé ce 3 Mars 1749.
CRÉBILLON,

Vû l'Approbation. Permis d'imprimer, à la charge d'enregistrement à la Chambre Syndicale. Ce 5 Mars 1749. BERYER.

Enregistré sur le Livre de la Communauté des Libraires & Imprimeurs de Paris, num. 3361. conformément aux Réglemens, & notamment à l'Arrest du Conseil du 10 Juillet 1745. A Paris, ce 7 Mars 1749. G. CAVELIER, *Syndic.*

LISTE
DES CATALOGUES
Dreſſés par E. F. GERSAINT,
depuis l'année 1736.

CATALOGUE Raiſonné de Co-
quilles, inſectes, &c. 1736.
—— D'une Collection conſidérable de Curioſités de différens genres, 1737.
—— Des diverſes Curioſités du Cabinet
de M. Quentin de Lorangere, &c.
1744.
—— D'une Collection conſidérable de diverſes Curioſités en tout genre, conte-
nuës dans les Cabinets de M. Bonnier
de la Moſſon, 1744.
—— Des différens Effets curieux du Cabinet de M. le Chevalier de la Roque,
1745.
—— Des Bijoux, Porcelaines, Tableaux,
&c. de la Succeſſion de M. Angran,
Vicomte de Fonſpertuis, 1747.
—— Des Tableaux, Diamans, provenant
de la Succeſſion de M. Charles Gode-
froy, 1748.
—— Des Bronzes & autres Curioſités an-

tiques du Cabinet de M. de Valois;
1748.

—— D'une Collection de Coquilles, con-
sidérable dans le nombre, &c. 1749.

—— D'une grande Collection de Tableaux, &c. 1749.